무량공덕 사경 3

妙法蓮華經
觀世音菩薩普門品

窓
도서 출판 창
Chang Books

 권하는 글

관세음보살님의 가피력

무비스님

관음신앙이 성행하고 있는 우리 나라의 불자들은 관세음보살에 대한 이해가 매우 깊습니다. 어느 사찰 없이 관음기도 소리가 도량에 울려 퍼집니다. 관세음보살님을 찬탄(讚歎)하고 기리는 가르침과 영험(靈驗)의 말씀들이 넘쳐납니다. 그래서 일상생활에서는 건강, 사업, 진학 등 어려운 일이 있을 때 마다 반드시 관세음보살님께 기도를 드리고 소원을 성취합니다.

관세음보살은 실로 그 서원(誓願)이 깊고 깊어서 수많은 세월동안 헤아려도 다 알 수가 없다고 합니다. 온갖 신통력(神通力)을 구족하시었으며 지혜와 방편을 닦아서 시방세계 어느 국토에나 나타나서 당신을 필요로 하는 모든 중생들에게 화현(化現)하십니다.

가령 분노의 불길에 휩싸일 때나 탐욕의 물결에 떠내려 갈 때도 관세음보살님께 기도하는 그 힘으로 불이나 물의 재앙은 감쪽같이 사라집니다. 다만 관세음보살님의 가피력을 받아들일 수 있는 마음의 준비가 필요할 뿐입니다. 물이 맑아야 달이 비치고 그릇이 반듯하게 놓여 있어야 물이 고이듯이.

기도에는 여러 가지 방법이 있습니다. 사람들의 마음이 산란(散亂)하여 이름을 부르는 것만으로는 온전한 기도가 어렵습니다. 그래서 부처님께서는 읽고, 외우고, 쓰고 남을 위해 일러주는 기도를 아울러 권하십니다. 특히 경전을 옮겨 쓰는 기도는 몸과 마음을 집중하기에 가장 쉬운 방법이므로 최상의 기도가 된다고 하였습니다. 오나가나 관세음, 자나깨나 관세음, 관세음보살님께 기도합시다.

사경공덕수승행 무변승복개회향

寫經功德殊勝行 無邊勝福皆廻向

보원침익제유정 속왕무량광불찰

普願沈溺諸有情 速往無量光佛刹

경을 쓰는 이 공덕 수승하여라

가없는 그 복덕 모두 회향하여

이 세상의 모든 사람 모든 생명들

무량광불 나라에서 행복하여지이다.

불기 2545년 동안거

발원문

사경제자 :   합장

사경시작 일시 :   년   월   일

사 경 의 식

삼귀의례

거룩한 부처님께 귀의합니다.

거룩한 가르침에 귀의합니다.

거룩한 스님들께 귀의합니다.

개경게

가장 높고 미묘하신 부처님 법

백천만 겁 지나도록 인연 맺기 어려워라

내가 이제 불법진리 보고 듣고 옮겨 쓰니

부처님의 진실한 뜻 깨우치기 원합니다.

사경발원

자신이 세운 원을 정성스런 마음으로 발원한다.

입정

정좌해서 마음을 고요히 하여 사경할 자세를 갖춘다.

사경시작

사경끝남

사경봉독

손수 쓴 경전을 소리내어 한 번 독송한다.

사경회향문

경을 쓰는 이 공덕 수승하여라
가없는 그 복덕 모두 회향하여
이 세상의 모든 사람 모든 생명들
무량광불 나라에서 행복하여지이다.

불전삼배

사홍서원

중생을 다 건지오리다.
번뇌를 다 끊으오리다.
법문을 다 배우오리다.
불도를 다 이루오리다.

觀世音菩薩普門品
관세음보살보문품

爾時무에 無盡意菩薩이 即從座起하사 偏袒

右肩하고 合掌向佛하사 而作是言世尊이시여

觀世音菩薩은 以何因緣으로 名觀世音이니꼬

佛告無盡意菩薩하사대 善男子여 若有無量

百千萬億衆生

百千萬億衆生이 受諸苦惱하되 聞是觀世音菩薩하고 一心稱名하면 觀世音菩薩이 卽時에 觀其音聲하여 皆得解脫니케하느라하 若有持是觀世音菩薩名者하면 設入大火라도 火不能燒니하나 由是菩薩의 威神力故며 若爲大水所漂라도 稱其名號하면 卽得淺處하며 若有百

千萬億衆生이 爲求金銀瑠璃와 硨磲瑪

瑙珊瑚琥珀眞珠等寶하여 入於大海할새

假使黑風이 吹其船舫하여 飄墮羅刹鬼國커든

其中에 若有乃至一人이라도 稱觀世音菩薩

名者면 是諸人等이 皆得解脫羅刹之難니하리

以是因緣으로 名觀世音이라이니 若復有人이 臨

一一

復有人이 若有罪커나 若無罪커나 杻械枷鎖하여

尙不能以惡眼으로 視之어니 況復加害리요 設

聞其稱觀世音菩薩名者면 是諸惡鬼가

大千國土에 滿中夜叉羅刹이 欲來惱人도이라

刀杖이 尋段段壞하여 而得解脫하며 若三千

當被害하여 稱觀世音菩薩名者면 彼所執

檢繫其身하야도 稱觀世音菩薩名者면 皆悉

斷壞하고 卽得解脫하나니라 若三千大千國土에

滿中怨賊커든 有一商主가 將諸商人하여 齎

持重寶하고 經過險路할새 其中一人이 作是

唱言하되 諸善男子여 勿得恐怖하고 汝等은

應當一心으로 稱觀世音菩薩名號하면 是菩

薩이 能이 以無畏로 施於衆生이니하리 汝等이 若

稱名者면 於此怨賊에 當得解脫이라 衆商

人이 聞하고 俱發聲言하되 南無觀世音菩薩하면

稱其名故로 即得解脫이니라 無盡意야 觀世

音菩薩摩訶薩의 威神之力이 巍巍如是니라

若有眾生이 多於婬欲도이라 常念恭敬觀世

一四

音菩薩하면 便得離欲하며 若多瞋恚라도 常念

恭敬觀世音菩薩하면 便得離瞋하며 若多愚

癡라도 常念恭敬觀世音菩薩하면 便得離癡하나니

無盡意야 觀世音菩薩이 有如是等大威

神力하사 多所饒益일새 是故로 衆生이 常應

心念하나니라 若有女人이 設欲求男하여 禮拜供

養觀世音菩薩(양관세음보살)하면 便生福德智慧之男(변생복덕지혜지남)하고

設欲求女(설욕구녀)하면 便生端正有相之女(변생단정유상지녀)하여 宿植(숙식)

德本(덕본)이라 衆人愛敬(중인애경)이니라 無盡意(무진의)야 觀世音菩(관세음보)

薩(살)이 有如是力(유여시력)이라하니 若有衆生(약유중생)이 恭敬禮拜(공경예배)

觀世音菩薩(관세음보살)하면 福不唐捐(복불당연)이니 是故(시고)로 衆生(중생)이

皆應受持觀世音菩薩名號(개응수지관세음보살명호)니라 無盡意(무진의)야

若有人이 受持六十二億恒河沙菩薩名하사보살명

字하고 復盡形토록 供養飲食衣服과 臥具醫

藥하면 於汝意云何오 是善男子善女人의

功德이 多不아 無盡意言 甚多니다 世尊이시여

佛言 若復有人이 受持觀世音菩薩名

號하여 乃至一時라도 禮拜供養하면 是二人福이

正等無異하여 於百千萬億劫에 不可窮盡이니

無盡意야 受持觀世音菩薩名號하면 得如

是無量無邊福德之利라하리 無盡意菩薩이

白佛言 世尊이시 觀世音菩薩이 云何遊

此娑婆世界하며 云何而爲衆生說法하며 方

便之力은 其事云何니까 佛告無盡意菩薩

一八

善男子_{선남자}여 若有國土衆生_{약유국토중생}이 應以佛身_{응이불신}으로

得度者_{득도자}는 觀世音菩薩_{관세음보살}이 卽現佛身_{즉현불신}하여 而_이

爲說法_{위설법}하며 應以辟支佛身_{응이벽지불신}으로 得度者_{득도자}는 卽_즉

現辟支佛身_{현벽지불신}하여 而爲說法_{이위설법}하며 應以聲聞身_{응이성문신}으로

得度者_{득도자}는 卽現聲聞身_{즉현성문신}하여 而爲說法_{이위설법}하며 應_응

以梵王身_{이범왕신}으로 得度者_{득도자}는 卽現梵王身_{즉현범왕신}이 而_이

爲說法하며 應以帝釋身으로 得度者는 卽現
帝釋身하여 而爲說法하며 應以自在天身으로
得度者는 卽現自在天身하여 而爲說法하며
應以大自在天身으로 得度者는 卽現大自
在天身하여 而爲說法하며 應以天大將軍身으로
得度者는 卽現天大將軍身하여 而爲說法하며

應이比沙門身으로 得度者는 卽現毗沙門
身하여 而爲說法하며 應以小王身으로 得度者는
卽現小王身하여 而爲說法하며 應以長者身으로
得度者身 卽現長者身하여 而爲說法하며 應
以居士身으로 得度者는 卽現居士身하여 而
爲說法하며 應以宰官身으로 得度者는 卽現

宰官身재관신하여 而爲說法이위설법하며 應以婆羅門身응이바라문신으로

得度者득도자는 即現婆羅門身즉현바라문신하여 而爲說法이위설법하며

應以比丘比丘尼응이비구비구니와 優婆塞優婆夷身우바새우바이신으로

得度者득도자는 即現比丘比丘尼즉현비구비구니와 優婆塞優婆우바새우바

婆夷身바이신하여 而爲說法이위설법하며 應以長者居士宰응이장자거사재

官婆羅門婦女身관바라문부녀신으로 得度者득도자는 即現婦女즉현부녀

身하여 이위설법하며
而爲說法

應以童男童女身으로 得
應以童男童女身

度者는 即現童男童女身이위설법하며
度者 即現童男童女身

而爲說法

應以天龍夜叉乾闥婆阿修羅迦樓羅緊
應以天龍夜叉乾闥婆阿修羅迦樓羅緊

那羅摩睺羅伽人非人等身으로 得度者는
那羅摩睺羅伽人非人等身 得度者

即皆現之하여 而爲說法하며 應以執金剛神으로
即皆現之 而爲說法 應以執金剛神

得度者는 即現執金剛神하여 而爲說法니하나
得度者 即現執金剛神 而爲說法

無盡意야 是觀世音菩薩이 成就如是功

德하여 以種種形으로 遊諸國土하사 度脫衆生하나니라

是故로 汝等은 應當一心으로 供養觀世音

菩薩이니 是觀世音菩薩摩訶薩이 於怖畏

急難之中에 能施無畏라 是故로 此娑婆

世界가 皆號之爲施無畏者니라하나 無盡意菩

薩이 白佛言하사 世尊하 我今에 當供養觀世音菩薩하리다 即解頸衆寶珠瓔珞하니 價値百千兩金이라 而以與之하고 作是言하되 仁者는 受此法施珍寶瓔珞하소서 時에 觀世音菩薩이 不肯受之어늘 無盡意復白觀世音菩薩言하되 仁者는 愍我等故로 受此瓔珞하소서 爾

時(시)에 佛告(불고) 觀世音菩薩(관세음보살) 當愍此無盡意(당민차무진의)

菩薩(보살)과 及(급) 四衆天龍夜叉乾闥婆阿修羅(사중천룡야차건달바아수라)

迦樓羅緊那羅摩睺羅伽人非人等故(가루라긴나라마후라가인비인등고)로

受是瓔珞(수시영락)라이니 即時(즉시)에 觀世音菩薩(관세음보살)이 愍諸(민제)

四衆及於天龍人非人等(사중급어천룡인비인등)하사 受其瓔珞(수기영락)하야

分作二分(분작이분)하되 一分(일분)은 奉釋迦牟尼佛(봉석가모니불)하고 一(일)

二六

分은 奉多寶佛搭라하니 無盡意야 觀世音菩
薩이 有如是自在神力하사 遊於娑婆世界하나니라
爾時에 無盡意菩薩이 以偈問曰
世尊妙相具시여 我今重問彼하노니
佛子何因緣으로 名爲觀世音까이니
具足妙相尊이 偈答無盡意대하사

汝聽觀音行(여청관음행)의 善應諸方所(선응제방소)하라

弘誓深如海(홍서심여해)하여 歷劫不思議(역겁부사의)라

侍多千億佛(시다천억불)하여 發大淸淨願(발대청정원)일새

我爲汝略說(아위여약설)하리니 聞名及見身(문명급견신)하고

心念不空過(심념불공과)하면 能滅諸有苦(능멸제유고)라하리

假使興害意(가사흥해의)하여 推落大火坑(추락대화갱)도이라

念彼觀音力 염피관음력 으로 火坑變成池 화갱변성지 하며

或漂流巨海 혹표류거해 하여 龍魚諸鬼難 용어제귀난 도이라

念彼觀音力 염피관음력 으로 波浪不能沒 파랑불능몰 하며

或在須彌峯 혹재수미봉 하여 爲人所推墮 위인소추타 라도

念彼觀音力 염피관음력 으로 如日虛空住 여일허공주 하며

或被惡人逐 혹피악인축 하여 墮落金剛山 타락금강산 도이라

念彼觀音力염피관음력으로 不能損一毛불능손일모하며

或值怨賊繞혹치원적요 各執刀加害각집도가해라도

念彼觀音力염피관음력으로 咸卽起慈心함즉기자심하며

或遭王難苦혹조왕난고 臨刑欲壽終임형욕수종이라도

念彼觀音力염피관음력으로 刀尋段段壞도심단단고하며

或囚禁枷鎖혹수금가쇄 手足被杻械수족피추계라도

念彼觀音力염피관음력으로 釋然得解脫석연득해탈하며

呪詛諸毒藥주저제독약으로 所欲害身者소욕해신자라도

念彼觀音力염피관음력으로 還着於本人환착어본인하며

或遇惡羅刹혹우악나찰과 毒龍諸鬼等독룡제귀등이라

念彼觀音力염피관음력으로 時悉不敢害시실불감해하며

若惡獸圍繞약악수위요하여 利牙爪可怖이아조가포라도

念彼觀音力염피관음력으로
疾走無邊方질주무변방하며

蚖蛇及蝮蝎원사급복갈이
氣毒煙火然기독연화연이라도

念彼觀音力염피관음력으로
尋聲自廻去심성자회거하며

雲雷鼓掣電운뢰고체전하고
降雹澍大雨강박주대우라도

念彼觀音力염피관음력으로
應時得消散응시득소산하며

衆生被困厄중생피곤액하여
無量苦逼身무량고핍신이라도

觀音妙智力이 能救世間苦니라

具足神通力하고 廣修智方便하여

十方諸國土에 無刹不現身하며

種種諸惡趣와 地獄鬼畜生의

生老病死苦를 以漸悉令滅하며

眞觀淸淨觀이며 廣大智慧觀이며

悲觀及慈觀이니 常願常瞻仰이니라

無垢淸淨光이며 慧日破諸暗이라

能伏災風火하고 普明照世間이라이니

悲體戒雷震과 慈意妙大雲으로

澍甘露法雨하여 滅除煩惱燄하며

諍訟經官處와 怖畏軍陣中도이라

念彼觀音力 염피관음력으로 衆怨悉退散 중원실퇴산하며
妙音觀世音 묘음관세음과 梵音海潮音 범음해조음이
勝彼世間音 승피세간음이니 是故須常念 시고수상념하되
念念勿生疑 염념물생의니라 觀世音淨聖 관세음정성이
於苦惱死厄 어고뇌사액에 能爲作依怙 능위작의호라
具一切功德 구일체공덕하사 慈眼視衆生 자안시중생하며

福聚海無量일새 是故應頂禮니라

爾時에 持地菩薩이 卽從座起하여 前白佛

言世尊이시여 若有衆生이 聞是觀世音菩

薩品自在之業과 普門示現神通力者는

當知是人은 功德이 不少니다 佛說是普門

品時에 衆中八萬四千衆生이 皆發無等

三六

等阿耨多羅三藐三菩提心

등 아 뇩 다 라 삼 먁 삼 보 리 심 하니

寫經功德殊勝行

無邊勝福皆廻向

普願沈溺諸有情

速往無量光佛刹

한글 관세음보살보문품

운허스님

그때 무진의보살이 자리에서 일어나 오른쪽 어깨를 벗어 드러내고 부처님을 향하여 합장하고 여쭈었다.

"세존이시여, 관세음보살은 무슨 인연으로 관세음이라고 하나이까?"

부처님께서 무진의보살에게 말씀하셨다.

"선남자야, 만일 한량 없는 백천만억 중생이 여러 가지 고뇌를 받을 때에 이 관세음보살의 이름을 듣고 일심으로 그 이름을 부르면, 관세음보살이 곧 그 음성을 듣고 모두 해탈케 하느니라.

만일 어떤 이가 이 관세음보살의 이름을 받들면, 그는 혹시 큰 불 속에 들어가더라도 불이 그를 태우지 못할 것이니, 이것은 관세음보살의 위신력 때문이며, 혹은 큰 물에 떠내려가게 되더라도 그 이름을 부르면 곧 얕은 곳에 이르게 되며, 혹은 백천만억 중생이 금·은·유리·자거·마노·산호·호박·진주 같은 보배를 구하려고 큰 바다에 들어갔을 때, 가령 폭풍이 일어 그들의 배가 나찰귀들의 나라에 닿게 되었을지라도 그 가운데 만일 한 사람이라도 관세음보살의 이름을 부르면, 여러 사람들이 다 나찰의 난으로부터 벗어날 수 있으리니, 이러한 인연으로 관세음이라 이름하느니라.

또 어떤 사람이 만일 해를 입게 되었을지라도 관세음보살의 이름을 부르면, 그들이 가진 칼이나 막대기가 곧 조각조각 부서져 능히 벗어날 수 있으며, 혹은 삼천 대천 국토에 가득한 야차·나찰들이 와서 사람들을 괴롭히려 하더라도, 관세음보살의 이름만 부르면 여러 악귀가 악한 눈으로 보지도 못하겠거늘,

하물며 어찌 해칠 수 있겠느냐 또 어떤 사람이 죄가 있거나 죄가 없거나 간에 수갑과 쇠고랑에 손발이 채워지고 몸이 묶였을지라도, 관세음보살의 이름만 부르면 이것들이 다 끊어지고 풀어져 곧 벗어나리라.

만일 또 삼천 대천 국토에 도둑이 가득 찬 속을 한 상인의 우두머리가 여러 상인을 이끌고 귀중한 보물을 가진 채 험한 길을 지나갈 때, 그 중에 한 사람이 말하기를 '여러 선남자들이여, 무서워 말고 두려워 말라. 그대들은 진심으로 관세음보살의 이름을 부를지니라. 이 보살이 능히 중생들의 두려움을 없애 주리니, 그대들이 이 이름을 부르면 이 도둑들을 무사히 벗어나리라.' 하고, 이에 여러 상인들이 이 말을 듣고 모두 소리를 내어 '나무 관세음보살' 하면 곧 그 난을 벗어나리라.

무진의야, 관세음보살마하살의 위신력이 이와 같이 훌륭하니라.

또 만일 중생이 음욕이 많더라도 관세음보살을 항상 생각하고 공경하면 곧 음욕을 여의게 되며, 혹은 성내는 마음이 많더라도 관세음보살을 생각하고 공경하면 곧 그 마음을 여읠 수 있으며, 혹은 어리석음이 많더라도 관세음보살을 항상 생각하고 공경하면 곧 그 어리석음을 여읠 것이니라.

무진의야, 관세음보살이 이런 위신력으로 이롭게 함이 많으니 중생은 마땅히 마음으로 항상 생각할 것이니라.

또, 만일 어떤 여인이 아들 낳기를 원하여 관세음보살을 예배하고 공경하면 곧 복덕과 지혜가 있는 아들을 낳게 되고, 만일 딸 낳기를 원한다면 곧 단정하고 아름다운 모양을 갖춘 딸을 낳게 되리니, 덕의 근본을 잘 심었으므로 여러 사람의 사랑과 존경을 받으리라.

무진의야, 관세음보살의 힘이 이와 같느니라.

만일 또 중생이 관세음보살을 공경하고 예배하면 복이 헛되이 버려지지 않으리니, 그러므로 중생이 모두 관세음보살의 이름을 받들어야 하느니라.

무진의야, 만일 어떤 사람이 62억 항하의 모래 같은 보살의 이름을 받들어

목숨이 다하도록 음식과 의복·침구와 의약 등으로 공양한다면 너의 생각에는 어떻겠느냐. 이 선남자·선여인의 공덕이 얼마나 많겠느냐?"

무진의가 대답하였다.

"매우 많겠나이다, 세존이시여."

부처님께서 다시 말씀하셨다.

"만일 어떤 사람이 관세음보살의 이름을 받들어 한 때만이라도 예배하고 공양하면, 이 두 사람의 복이 똑같아 다를 바 없어, 백천만억 겁에 이르도록 다할 수가 없으리라. 무진의야, 관세음보살의 이름을 수지하면 이와 같이 한량 없고 가없는 복덕의 이익을 얻느니라."

무진의보살이 부처님께 여쭈었다.

"세존이시여, 관세음보살은 어떻게 이 사바세계에서 노니시며, 어떻게 중생을 위하여 설법하시며, 방편의 힘은 그 일이 어떠하나이까?"

부처님께서 무진의 보살에게 말씀하셨다.

"선남자야, 어떤 나라의 중생을 부처의 몸으로 제도할 이에게는 관세음보살이 곧 부처의 몸을 나타내어 설법하며, 벽지불의 몸으로서 제도할 이에게는 벽지불의 몸을 나타내어 설법하며, 성문의 몸으로 제도할 이에게는 성문의 몸을 나타내어 설법하며, 범천왕의 몸으로서 제도할 이에게는 범천왕의 몸을 나타내어 설법하며, 제석천의 몸으로서 제도할 이에게는 제석천의 몸을 나타내어 설법하며, 자재천의 몸으로서 제도할 이에게는 자재천의 몸을 나타내어 설법하며, 대자재천의 몸으로서 제도할 이에게는 대자재천의 몸을 나타내어 설법하며, 천대장군의 몸으로서 제도할 이에게는 천대장군의 몸을 나타내어 설법하며, 비사문의 몸으로서 제도할 이에게는 비사문의 몸을 나타내어 설법하며, 소왕의 몸으로서 제도할 이에게는 곧 소왕의 몸을 나타내어 설법하며, 장자의 몸으로서 제도할 이에게는 장자의 몸을 곧 나타내어 설법하며, 거사의 몸으로써 제도할 이에게는 곧 거사의 몸을 나타내어 설법하며, 관리의 몸으로서 제도할 이에게는 관리의 몸을 나타내어 설법하며, 바라문의 몸으로써 제도할 이에게는 곧 바라문의 몸을 나타내어 설법하며, 비구·비구니·우바새·우바이의 몸으로써 제도할 이에게는 비구·비구니·우바새·우바이의 몸을 나타내어 설법하며, 장자·거사·관리·바라문의 부인의 몸으로써 제도할 이에게는 그 부인의 몸을 나타내어 설법하며, 동남·동녀의 몸으로써 제도할 이에게는 동남·동녀의 몸을 나타내어 설법하며, 하늘·용·야차·건달바·아수라·가루라·긴나라·마후라가·사람인 듯 아닌 듯한 것 등의 몸으로써 제도할 이에게는 모두 그 몸을 나타내어 설법하며, 집금강신으로써 제도할 이에게는 곧 집금강신을 나타내어 설법하나니, 무진의야, 이 관세음보살은 이러한 공덕을 성취하여 가지가지 형상으로 여러 국토에 노니시며, 중생을 제도하여 해탈케 하느니라.

그러므로 너희들은 일심으로 관세음보살을 공양할지니라. 이 관세음보살마하살이 두렵고 급한 환난 가운데 능히 두려움을 없애주므로, 이 사바세계에서는 모두 일컬어 '두려움을 없게 해주는 이〔施無畏者〕'라고 하느니라."

무진의보살이 부처님께 여쭈었다.

"세존이시여, 제가 이제 관세음보살을 공양하겠나이다."

하고, 목에 걸었던 백천 냥이나 되는 보배 구슬과 영락을 풀어, 받들어 올리며 또 여쭈었다.

"어지신 이여, 법으로써 드리는 이 보배 구슬과 영락을 받아 주옵소서."

그때 관세음보살이 이를 받지 않거늘, 무진의는 다시 관세음보살께 여쭈었다

"어지신 이여 , 저희들을 불쌍히 여기시어 이 영락을 받아 주옵소서."

그때 부처님께서 관세음보살에게 말씀하셨다.

"여기 이 무진의 보살과 사부대중과 하늘·용·야차·건달바·아수라·가루라·긴나라·마후라가·사람인 듯 아닌 듯한 것들을 불쌍히 여겨 그 영락을 받으라."

곧 관세음보살이 사부대중과 하늘·용과 그리고 사람인 듯 아닌 듯한 것들을 불쌍히 여기시어 그 영락을 받으시더니, 둘로 나누어 한 몫은 석가모니불께 바치고, 남은 한 몫은 다보불탑에 바치었다.

"무진의야, 관세음보살은 이와 같이 자유스러운 신통력을 가지고 사바세계에 노니느니라."

그때 무진의 보살이 게송으로 물었다.

미묘한 상 갖추신 세존이시여,
이제 다시 저 일을 묻자옵나니
불자는 그 무슨 인연으로
관세음이라 부르나이까.

미묘한 상 갖추신 세존께서
게송으로 무진의에게 대답하시되
곳곳마다 알맞게 응하여 나타나는
관음의 모든 행을 잘 들으라.

그 보살의 큰 서원 바다와 같아
헤아릴 수 없이 긴 세월 동안
천억의 부처님 모시고 받들며
크고 청정한 원을 세우니

내 이제 그것들을 간략히 말하리니
이름을 듣거나 몸을 보거나
마음으로 생각함이 헛되지 않으면

능히 모든 고통을 멸하리라.

가령 해치려는 사람에게 떠밀려
큰 불구덩이에 떨어진대도
관음을 염하는 그 힘으로
불구덩이 변하여 연못이 되고

만일 큰 바다에 표류하여
용과 귀신·물고기의 난을 만나도
관음을 염하는 그 힘으로
파도가 능히 삼킬 수 없으며

수미산의 봉우리에서
사람에게 떠밀려 떨어진대도
관음을 염하는 그 힘으로
허공에 머무는 해같이 되며

악인에게 쫓기어
금강산에서 떨어진대도
관음을 염하는 그 힘으로
털끝 하나 다치지 않으며

원한의 도적을 만나
칼 들고 달려와 해치려 해도
관음을 염하는 그 힘으로

도적들 마음 돌려 자비케 하며

법에 잘못 걸려
형벌을 받아 죽게 되더라도
관음을 염하는 그 힘으로
칼이 조각조각 끊어지며

감옥 속에 갇혀 있어서
손발이 형틀에 묶였더라도
관음을 염하는 그 힘으로
그것들의 풀림을 받을 것이며

저주와 여러 가지 독약으로
몸을 해치려고 할 때에도
관음을 염하는 그 힘으로
본인에게 그 화가 돌아가며

악한 나찰 독룡들과
여러 귀신을 만날지라도
관음을 염하는 그 힘으로
감히 모두들 해치지 못하며

사나운 짐승들에 둘러싸여
이빨과 발톱이 무섭더라도
관음을 염하는 그 힘으로

사방으로 뿔뿔이 달아나며

여러 가지 사나운 독사들이
독기가 불꽃처럼 성할지라도
관음을 염하는 그 힘으로
그 소리에 스스로 달아나며

구름에서 천둥일며 번개치고
큰 비와 우박이 쏟아져도
관음을 염하는 그 힘으로
삽시간에 사라지며

뭇 중생이 곤경과 재앙을 만나
한량 없는 고통을 받을지라도
관음의 미묘한 지혜의 힘이
능히 세상 고통 구하느니라.

신통한 힘 구족하고
지혜의 방편 널리 닦아
시방의 여러 국토
몸을 나타내지 않는 곳 없으며

가지가지 악한 갈래
지옥·아귀·축생들의
생로병사 모든 고통

점차로 멸해 주며

진관이며 청정관
넓고 큰 지혜관이며
비관과 자관이니
항상 우러러 볼지어다.

때 없어 청정한 빛
지혜의 태양 어둠을 제하나니
풍재와 화재 능히 이겨
널리 밝게 세상을 비추니

대비는 체가 되고 계행은 우뢰되며
자비로운 마음은 큰 구름같아
감로의 법비를 내려
번뇌의 타는 불길 멸해 주며

쟁송으로 관청에 가거나
두려운 진중에 있을지라도
관음을 염하는 그 힘으로
모든 원수가 흩어지니라.

묘음과 관세음과
범음과 해조음이
저 세간음보다 나으니

그러므로 항상 생각하여

의심일랑 잠깐도 하지 말아라
관세음보살 청정한 성인은
고뇌와 죽음과 액운 당하여
능히 믿고 의지할 바 되리.

일체의 여러 공덕 두루 갖추어
자비로운 눈으로 중생을 보며
그 복이 바다처럼 한량 없으니
그러므로 마땅히 정례할지니라.

그때 지지보살이 자리에서 일어나 부처님 앞에 나아가 여쭈었다.
"세존이시여, 만일 중생이 이 관세음보살보문품의 자유로운 업(業)과 널리
보이고 나타내는 신통력을 듣는다면, 그 사람의 공덕은 적지 않겠나이다."
부처님께서 이「보문품」을 설하실 때, 대중 가운데 8만 4천 중생이 모두 비
할 바 없이 평등한 아뇩다라삼먁삼보리의 마음을 내었다.

회 향 문

사경제자 :   합장

사경마침 일시 :   년   월   일

 정성스럽게 쓰신 사경본 처리 방법

· 가보로 소중히 간직합니다.

· 본인이 지니고 독송용으로 사용합니다.

· 다른 분에게 선물합니다.

· 돌아가신 분을 위한 기도용 사경은 절의 소대에서 불태
  워 드립니다.

· 법당, 불탑, 불상 조성시에 안치합니다.

도서출판 窓 "무량공덕 사경" 시리즈

제1권 **반야심경** 무비스님 편저	제11권 **불설아미타경** 무비스님 편저
제2권 **금강경** 무비스님 편저	제12권 **원각경보안보살장** 무비스님 편저
제3권 **관세음보살보문품** 무비스님 편저	제13권 **천지팔양신주경** 무비스님 감수
제4권 **지장보살본원경** 무비스님 편저	제14권 **대불정능엄신주** 무비스님 편저
제5권 **천수경** 무비스님 편저	제15권 **예불문** 무비스님 편저(근간)
제6권 **부모은중경** 무비스님 편저	제16권 **백팔대참회문** 무비스님 편저(근간)
제7권 **목련경** 무비스님 편저	제17권 **미륵삼부경** 무비스님 편저(근간)
제8권 **삼천배 삼천불** 무비스님 편저	제18권 **화엄경약찬게** 무비스님 편저(근간)
제9권 **보현행원품** 무비스님 감수	제19권 **법성게** 무비스님 편저(근간)
제10권 **신심명** 무비스님 편저	제20권 **묘법연화경**(전7권) 무비스님 편저(근간)

도서출판 窓 "무량공덕 우리말 사경" 시리즈(근간)

제1권 **우리말 반야심경** 무비스님 편저	제6권 **우리말 부모은중경** 무비스님 편저
제2권 **우리말 금강경** 무비스님 편저	제7권 **우리말 예불문** 무비스님 편저
제3권 **우리말 관세음보살보문품** 무비스님 편저	제8권 **우리말 백팔대참회문** 무비스님 편저
제4권 **우리말 지장보살본원경** 무비스님 편저	제9권 **우리말 묘법연화경**(전7권) 무비스님 편저
제5권 **우리말 천수경** 무비스님 편저	제10권 **우리말 삼천배 삼천불** 무비스님 감수

도서출판 窓 "묘법연화경 한지 사경" 시리즈 무비스님 감수

제1권 **묘법연화경**(제1품, 제2품)

제2권 **묘법연화경**(제3품, 제4품)

제3권 **묘법연화경**(제5품, 제6품, 제7품)

제4권 **묘법연화경**(제8품, 제8품, 제9품, 제10품, 제11품, 제12품, 제13품)

제5권 **법연화경**(제14품, 제15품, 제16품, 제17품)

제6권 **묘법연화경**(제18품, 제19품, 제20품, 제21품, 제22품, 제23품)

제7권 **묘법연화경**(제24품, 제25품, 제26품, 제27품, 제28품)

※표지: 비단표지, 본문: 고급국산한지

☒ "무량공덕 사경" 시리즈는 계속 간행됩니다.

☆ 법보시용으로 다량주문시 특별 할인해 드립니다.

☆ 원하시는 불경의 독송본이나 사경본을 주문하시면 정성껏 편집 · 제작하여 드립니다.

◆**무비(如天 無比) 스님**
· 전 조계종 교육원장.
· 범어사에서 여환스님을 은사로 출가.
· 해인사 강원 졸업.
· 해인사, 통도사 등 여러 선원에서 10여년 동안 안거.
· 통도사, 범어사 강주 역임.
· 조계종 종립 은해사 승가대학원장 역임.
· 탄허스님의 법맥을 이은 강백.
· 화엄경 완역 등 많은 집필과 법회 활동.

▶**저서와 역서**
· 『금강경 강의』, 『보현행원품 강의』, 『화엄경』, 『예불문과 반야심경』,
  『반야심경 사경』 외 다수.

妙法蓮華經 觀世音菩薩普門品

초판 발행일 · 2002년 2월 20일
16쇄 펴낸날 · 2024년 3월 25일
편 저 · 무비 스님
펴낸이 · 이규인
편 집 · 천종근
펴낸곳 · 도서출판 窓
등록번호 · 제15-454호
등록일자 · 2004년3월 25일

주소 · 서울특별시 마포구 대흥로4길 49, 1층(용강동, 월명빌딩)
전화 · 322-2686, 2687/팩시밀리 · 326-3218
주소 · 서울특별시 마포구 대흥로4길 49, 1층(용강동, 월명빌딩)
전화 · 322-2686, 2687/팩시밀리 · 326-3218
e-mail · changbook1@hanmail.net
홈페이지 · http://www.changbook.co.kr

ISBN 89-7453-093-7 04220
정가 6,000원

* 파손된 책은 구입하신 서점이나 《도서출판 窓》에서 바꾸어 드립니다.
☞ 염화실(http://cafe.daum.net/yumhwasil)에서 무비스님의 강의를 들을 수 있습니다.